AF579890

FRONTISPICE DU VOL. I.er

VENEZ ICI, PAULIN.

LEÇONS
POUR LES ENFANS
DE TROIS A HUIT ANS.

OUVRAGE CLASSIQUE EN ANGLETERRE;

PAR MISTRISS BARBAULD.

TRADUIT SUR LA 12e ÉDITION ANGLAISE.

Troisième édition frauçaise, revue et corrigée, ornée de 24 jolies gravures coloriées.

PREMIÈRE PARTIE,

POUR L'AGE DE 3 A 5 ANS.

PARIS,
A LA LIBRAIRIE D'ÉDUCATION
D'AL. EYMERY, FRUGER et CIE,
rue Mazarine, n.° 30.
1830.

VERSAILLES, IMPRIMERIE DE G.-C. VITRY.

AVERTISSEMENT.

Le succès des *Leçons de Mistriss Barbauld* démontre le mérite de cet uvrage, si souvent réimprimé en ngleterre.

L'Editeur n'a rien négligé de tout e qui peut le rendre de plus en plus igne de l'accueil favorable que le ublic lui a fait.

PRÉFACE

DU TRADUCTEUR.

Madame Barbauld, auteur de plusieurs excellens poëmes qui l'ont immortalisée dans sa patrie, après avoir enrichi la littérature de la *Correspondance de Richardson, auteur de Clarisse*, a rendu un plus grand service encore à ses concitoyens, en consacrant une partie de son temps à l'instruction de leurs enfans. Si la tâche est *humble*, ainsi qu'elle le dit, il est plus difficile qu'on ne pense de

la bien remplir. Il faut vivre habituellem
avec les enfans pour parler la langue qu
entendent; il faut avoir acquis cette sorte
tact qui fait juger promptement si telle
pression, telle tournure de phrase sera fa
lement comprise des jeunes élèves. Il fa
savoir rendre encore plus simple, encore pl
clair ce qui souvent l'est déjà trop po
l'homme instruit, qui ne sait pas jusqu
quel degré de simplicité il faut descend
pour être entendu des enfans.

Nous ne faisons ici que rapporter ce qu
dit un auteur judicieux et distingué dans

préface des *Notions élémentaires de Géographie*, parce qu'on ne peut rien dire de mieux à cet égard. « Madame Barbauld est peut-être la seule qui se soit réellement mise à la portée des enfans. Tout en parlant leur langue, elle insinue dans leur jeune cœur le principe de toutes les bonnes œuvres, et met sous leurs yeux l'esquisse des biens qui nous environnent; biens que les enfans des villes ignorent en général, et qu'ils ne peuvent plus apprécier quand ils ont atteint l'âge des passions et des affaires. De la connoissance de ces biens résultent cependant la vraie piété et la reconnoissance, qui sont la base de tous les devoirs envers Dieu et la société ».

Ce livre entre les mains des enfans ne leur causera aucun dégoût, parce qu'ils y trouveront les sujets qui leur sont familiers ou plutôt ils croiront causer eux-mêmes et entendre raconter des histoires dont ils sont si avides.

LEÇONS

POUR LES ENFANS

DE TROIS A CINQ ANS.

VENEZ ici, Paulin, venez auprès de maman.

Dépêchez-vous.

Asséyez-vous sur mes genoux.

Maintenant lisez votre livre.

Où est l'aiguille pour marquer ?

Voici l'aiguille.

Ne déchirez pas votre livre.

Il n'y a que les méchans garçons qui déchirent leur livre.

Paulin aura une jolie leçon nouvelle.

Épelez ce mot. Bon garçon. Maintenant allez jouer.

Ou est le chat ?

Le chat est sous la table.

Vous ne pouvez pas attraper le chat. Ne le tirez pas par la queue, vous lui feriez du mal.

Chassez le chat. Vous ne le

chassez pas bien. C'est par-là qu'il faut le chasser.

Mais, monsieur le chat, pourquoi avez-vous tué le lapin ?

Vous devez attraper les souris ; mais vous ne devez pas tuer les lapins.

Eh bien ! que dites-vous ? n'avez-vous pas tué le lapin ?

Pourquoi ne parlez-vous pas, chat ?

Le chat ne peut pas parler.

Veux-tu, Paulin, donner à manger aux poulets ?

Voici du grain pour les pigeons.

O jolis pigeons !

Le soleil luit. Ouvrez vos yeux, petite fille. Levez-vous.

Louise, venez habiller ma petite fille.

Descendons l'escalier. Prenez votre déjeûner.

Louise, faites bouillir un peu

de lait pour la petite qui a grand' faim. Ne renversez pas le lait.

Tenez la cuiller de l'autre main. Ne jetez pas votre pain.

Le pain est pour manger, vous ne devez pas le perdre.

Le blé fait le pain.

Le blé vient dans les champs. L'herbe vient aussi dans les

champs. Les vaches mangent de l'herbe, et les chevaux mangent de l'herbe.

Les enfans ne mangent pas de l'herbe; non, ils mangent du pain et du lait.

Papa, où est Fanfan?

Ah ! où est le petit garçon ?

Papa ne peut pas trouver le petit garçon. Attendez un peu. Ne vous impatientez pas. — Ah ! il est ici. Il est sous la robe de maman.

Vas à cheval sur la canne à papa. Voici un fouet. — Galoppe, galoppe, va vite, cheval.

Viens, Fanfan, donne trois baisers à maman. Un, deux, trois. Les petits garçons doivent toujours venir, quand maman les appelle.

Quelqu'un frappe à la porte.

Ouvrez la porte.

Entrez.

Prenez une chaise.

Asséyez-vous.

Venez auprès du feu.

Comment vous portez-vous ?

Très-bien.

Approchez un peu de bois, faites du feu.

Balayez la cendre.

Où est le balai ?

Vous avez mis de la cendre à votre habit.

Voici une brosse. Brossez votre habit. Fanfan va écrire.

Qu'est-ce que ce bâton rouge et si doux au toucher ?

C'est un bâton de cire à cacheter.

Qu'est-ce qu'on en fait ?

On ferme les lettres avec.

Je voudrois la montre de papa.

Non, vous briseriez le verre.

Vous l'avez déjà brisé une fois.

Regardez-la.

Mettez-la à votre oreille.

Que dit-elle ?

Tic, tic, tic.

Voila un joli papillon. Venez, nous l'attraperons.

Papillon, où vas-tu?

Il s'enfuit sur la haie, il ne veut pas que nous l'attrapions.

Voilà une abeille qui suce les fleurs.

L'abeille vous piquera-t-elle?

Vol. Ier P. 20.

PAPILLON, OÙ VAS-TU?

Non, l'abeille ne vous piquera pas si vous la laissez tranquille.

Les abeilles font la cire et le miel. Le miel est doux.

Charles aura un peu de miel et du pain pour son souper.

Les chenilles mangent les choux.

Voici un pauvre petit limaçon rampant le long de la muraille touchez-le avec votre petit doigt Ah ! le limaçon est retiré dans sa coquille.

Sa coquille est sa maison. Bonsoir, limaçon.

N'y touchez plus, et il sortira encore bientôt.

Je voudrois bien dîner; il faut mettre le couvert.

Le couvert sera bientôt mis; alors les enfans auront leur dîner.

Mettons la nappe.

Où sont les couteaux, les fourchettes, les cuillers et les assiettes?

La cloche sonne, voilà l[e] dîner.

Aurons-nous de la viande?

Non; la viande n'est pas bonn[e] pour les petits enfans.

Voici pour vous des pomme[s-] de-terre, des fèves, des carottes des navets, et un peu de sauce pou[r] tremper votre pain.

Voilà des cerises.

N'avalez pas les noyaux.

Je voudrois un peu de vin.

Quoi! du vin à un enfant? Jamais je n'ai entendu cela. Non, vous n'aurez point de vin, Charles. Voici de l'eau. N'approchez pas si près du feu. Allez de l'autre côté.

Ne marchez pas sur la robe de maman.

Allez jouer maintenant.

~~~~~~~~~~~~

CAROLINE, pourquoi sont faits les yeux?

Pour voir.

Pourquoi sont faites les oreilles?
~~~~~~~~~~~~

Pour entendre.

Pourquoi est faite la langue?

Pour parler.

Pourquoi sont faites les dents?

Pour manger.

Pourquoi est fait le nez?

Pour sentir.

Pourquoi sont faites les jambes?

Pour marcher.

Alors la bonne ne doit pas vous porter. Vous marcherez vous-même. Vous avez deux bonnes jambes.

Voulez-vous aller vous promener? Cherchez votre chapeau.

Allons dans les champs, voir les brebis, les agneaux, les vaches, les arbres, les oiseaux et l'eau.

Voilà un homme sur un cheval.

Où allez-vous, Monsieur?

Il ne nous répond pas; il va

toujours. Maintenant il est bien loin.

Maintenant nous ne le voyons plus du tout.

Voici un chien. Le chien aboie.

Eh bien! n'ayez pas peur, il ne vous fera pas de mal.

Viens ici, chien.

Pauvre chien!

Fanfan est ſatigué ; venez, retournons à la maison.

~~~~~~~~~~~

L'ENCRE est noire, et les souliers de papa sont noirs.

Le papier est blanc.

L'herbe est verte.

Le firmament est bleu.
~~~~~~~~~~~

Les souliers de Fanfan son rouges.

Oh! les jolis petits souliers rouges !

Le primevère est jaune.

La table est brune.

Blanc, noir, rouge, vert, bleu jaune, brun.

Je vous prie, donnez-moi un grain de raisin.

En voilà un.

J'en voudrois encore un autre.

En voici un autre. Un, deux.

J'en voudrois beaucoup, beaucoup ; j'en voudrois dix.

En voici dix. Un, deux, trois,

quatre, cinq, six, sept, huit, neuf dix.

Maintenant, que ferez-vous de tous ces raisins ? Donnez-en à Henri quelques-uns et à votre sœur Sophie. Bon garçon. Voilà une épingle.

Ramassez-la. Donnez-la à maman.

Oh ! ne la mettez pas dans votre bouche, c'est un très-mauvais jeu. Piquez-la à la pelotte.

Apportez le panier à ouvrage de maman.

Non, ne vous asséyez pas dessus, vous le briseriez ; asséyez-vous sur votre petite chaise.

Maman, que faites-vous là ?

Maman fait des robes pour Caroline.

Laissez votre ouvrage, maman, et jouez avec moi.

C'est l'hiver maintenant, le froid, le froid hiver.

Il y a de la glace dans l'étang.

Il grêle.

Il neige.

Voulez-vous courir dehors, dans la neige?

Allons donc.

Faisons des boules de neige.

La jolie neige! comme elle est blanche, et comme elle est molle!

Apportez de la neige auprès du feu. Voyez comme elle fond! Elle est toute disparue, ce n'est plus que de l'eau.

Irons-nous nous promener?

Non, il y a trop de boue.

Quand Charles sera grand garçon, il aura une petite paire de bottes, et alors il marchera dans la boue; et il aura un joli petit cheval à lui, et une selle, et des étriers, et des éperons, et une bride, et un fouet, et alors il ira à cheval avec papa.

Quand le printemps sera encore revenu, il y aura des feuilles vertes, des fleurs, des marguerites, des violettes, des jonquilles, des roses, et il y aura de jeunes agneaux et un temps chaud. Reviens encore, prin-temps !

Il pleut fort. Voyez comme il pleut. Les canards aiment la pluie.

Les canards nagent et les oies nagent. Les poulets ne nagent pas.

Adolphe peut-il nager ?

Non.

Si Adolphe alloit dans l'eau, il
e noieroit.

Vous apprendrez à nager quand
ous serez plus grand.

~~~~~~~~~~

APPORTEZ le café.

Apportez du lait pour les en-
ans.
~~~~~~~~~~

Où est le pain?

Voici du pain pour vous:

Les enfans ne boivent pas c café.

Trempez votre pain dans vot lait.

Le lait est trop chaud, il ne fa pas encore le boire.

Vous devez attendre un peu.

Versez-le dans votre soucoupe.

Le sucre n'est pas fondu.

Qui est cette dame?

La connoissez-vous?

Allez lui donner un baiser.

Otez votre chapeau.

Personne n'a son chapeau dans maison. Les chapeaux sont faits our aller dehors.

Venez sur mes genoux.

Aimez-vous votre maman?

Pauvre maman!

~~~~~~~~~~~~

Charles est tombé.

Relevez-vous donc.

Ce n'est rien.

Qu'avez-vous au bras?
~~~~~~~~~~~~

Le chat l'a égratigné.

Pauvre bras! laissez-moi le baiser.

A présent il est guéri.

Le chat n'a pas voulu vous faire du mal, il vouloit jouer.

J'ai frappé ma tête contre la table; méchante table!

Non, pas méchante table, sot garçon! La table n'a pas couru

contre Charles ; Charles a cour-contre la table.

La table reste toujours à s-place.

~~~~~~~~~~~~

J'ENTENDS crier ; qui peut cri-comme cela ?

C'est quelque méchant enfant, j'imagine.
~~~~~~~~~~~~

Les bons enfans ne crient point.

Les enfans au maillot crient.

Les petits enfans au maillot ne peuvent pas parler, ni courir; ils ne peuvent que crier.

Lili étoit autrefois un petit enfant au maillot, et il étoit dans un berceau. Alors il ne faisoit que crier.

Oui, mais à présent vous ne devez pas crier. Maintenant vous êtes un petit garçon, et vous allez à cheval sur un bâton.

Regardez, voici la bonne qui revient de la foire.

Qu'avez-vous apporté, la bonne?

Elle a apporté pour Lili un fusil, et une épée, et un tambour, et du pain d'épices.

Il est très-bon.

Merci, la bonne.

Vous porterez votre épée à votre côté.

Chargez votre fusil.

Maintenant lâchez un coup. Pop!

Ne mangez pas tout le pain d'
pices à présent, il vous rendro
malade.

Mettez-en à part pour dema
matin.

Je vais le mettre dans le buffe

Votre figure est sale.

Allez vous faire débarbou
ler.

Lavez vos mains.

Maintenant, c'est un garçon bien propre.

Ah ! voilà de l'argent. Qu'est-ce que c'est ?

C'est de l'or; c'est un louis.

Cette pièce blanche est de

l'argent; c'est un écu de cinq francs. Voici une pièce de quarante sous, en voici une de trente, celle-ci est une pièce de dix sous, et celle-là une pièce de cinq sous.

Nous allons faire rouler la pièce de cinq francs sur la table.

Elle est tombée.

Ramassez-la.

Voici un sou pour vous.

Je voudrois une grosse pièce blanche.

Non, c'est maman qui doit avoir les grosses pièces blanches pour acheter du bœuf, et du mouton, et du lait.

Oh! voilà un pauvre petit garçon à la porte; il n'a pas d'argent du tout, ni rien pour manger.

Faut-il lui donner un sou ?

Oui.

Allez donc le lui donner.

Il est nuit.

Apportez la chandelle.

Mouchez la chandelle.

Fermez les contre-vents.

Ne les fermez pas encore.

Regardez la lune.

O brillante lune ! O jolie lune !

La lune brille la nuit, quand le soleil est couché.

Le soleil est-il couché?

Alors il est tèmps que les enfans aillent aussi se coucher.

Les poulets sont couchés, et les petits oiseaux sont couchés, et le soleil est couché, et Charles doit aller se coucher.

Le pauvre petit garçon est endormi.

Je crois qu'il faut le porter dans les escaliers.

Otez ses bas et tous ses habits.

Mettez-lui son bonnet de nuit.

Couvrez-le.

Mettez sa petite tête sur l'oreiller.

Bonne nuit. Fermez vos yeux et dormez.

LEÇONS

POUR LES ENFANS

DE QUATRE A CINQ ANS.

Bonjour, petit enfant! Comment vous portez-vous? Apportez votre petite chaise et asséyez-vous près de moi, car j'ai beaucoup de choses à vous dire.

J'imagine que vous avez été bien sage et que vous avez lu tous les jolis mots que j'ai écrits pour vous.

Vous les avez lus, dites-vous; vous les avez tant lus que vous en avez été fatigué, et vous avez besoin de quelques leçons nouvelles.

Quel jour est-ce aujourd'hui?

Aujourd'hui, c'est dimanche.

Et demain, quel jour sera-t-il?

Demain, ce sera lundi.

Et après-demain?

Après-demain, ce sera mardi.

Et le jour après?

Le jour après, sera mercredi.

Et après encore ?

Après, ce sera jeudi.

Et puis après ?

Ce sera vendredi.

Et après ?

Samedi.

Et quel jour viendra après samedi ?

Quoi donc! dimanche revie dra encore.

Dimanche, lundi, mardi, me credi, jeudi, vendredi, samed qui font sept jours, et sept jou font une semaine.

Et maintenant savez-vous con bien quatre semaines font ?

Combien ?

Vol. I.er P. 63.

JANVIER.

FEVRIER.

MARS.

AVRIL.

Un mois; et douze mois font une année. --- Janvier, février, mars, avril, mai, juin, juillet, août, septembre, octobre, novembre, décembre.

C'est janvier. Il fait très-froid; il neige; il glace; il n'y a point de feuilles sur les arbres. L'huile est gelée et le lait est gelé, et la rivière est gelée, et toutes choses.

Tous les petits garçons sont à glisser. Vous apprendrez à glisser. Voilà un homme qui patine. Comme il va vite! Il a une paire de patins. Prenez garde! Voilà un trou dans la glace. Rentrons. Il est quatre heures. Il fait nuit. La bonne!

allumez la chandelle, et apportez du bois pour faire un bon feu.

Février est très-froid aussi, mais les jours sont plus longs, et il y a des boutons d'or qui fleurissent, et l'arbre de gui est en fleur, et quelques boules de neige sortent leur petite tête. Jolies blanches boules de neige avec une verte tige! Puis-je en cueillir une? Oui, vous le pouvez; mais vous devez toujours demander permission avant de cueillir une fleur.

Quel bruit ces corbeaux font!

Coâ! coâ! coâ! et comme ils sont occupés! Ils vont bâtir leurs nids.

Voici un homme qui laboure son champ.

C'est mars. Maintenant, le vent souffle! Il emporteroit les petits enfans bien loin. Voilà un arbre abattu.

Voici de jeunes agneaux.

Pauvres petits ! Comme ils se cachent sous la haie ! Quelle est cette fleur ? Un primevère.

Avril est venu, et les oiseaux chantent, et les arbres sont en fleurs, et les fleurs s'épanouissent, et les papillons voltigent, et le soleil luit. Maintenant, il pleut. Il pleut et le soleil luit. Voilà un arc-en-ciel. Oh! quelles belles couleurs! Joli, brillant arc-en-ciel! Non, vous ne pouvez pas l'atteindre, il est dans le firmament. Il s'éloigne. Il s'efface. Il est tout à fait effacé. J'entends le coucou. Il dit : Coucou ! coucou ! coucou ! Il est venu nous dire que c'est le printemps.

C'est mai. O agréable mai ! Allons nous promener dans les champs. L'aubépine est en fleur

MAI. JUIN.

JUILLET. AOUT.

Allons en cueillir un peu dans les haies. Et voici des marguerites et des clochettes, et bien d'autres fleurs. Nous ferons un bouquet. Voici un brin de fil pour le lier. Sentez! Il sent très-bon. Quest-ce que Louis tient là ? Il tient une nichée de petits oiseaux. Il a grimpé tout au haut d'un grand arbre pour les avoir. Pauvres petits oiseaux! Ils n'ont pas de plumes. Tenez-les bien chaudement. Vous leur donnerez à manger avec une brochette. Vous leur ferez manger du pain et du lait. Ce sont de jeunes chardonnerets. Ils seront très-jolis quand ils auront leur tête rouge et leurs ailes jaunes. Ne les faites pas mourir. Le papa et la maman des petits oiseaux seroient très-fâchés s'ils mouroient. Oh ! ne mangez pas de groseilles vertes ! Elles vous feroient du mal.

JUIN est venu. Levez-vous !

vous ne devez pas rester si long-temps dans votre lit à présent ; il faut vous promener avant de déjeûner.

Quel bruit est cela ? C'est un faucheur qui aiguise sa faux. Il va couper l'herbe. Et coupera-t-il toutes les fleurs aussi ? Oui, il coupera tout. La faux est fort tranchante. N'approchez pas si près, elle vous couperoit les jambes. Maintenant, nous allons faire du foin. Où est votre fourche et votre râteau? Etendez le foin. A présent mettez-le en meule. Montez sur la meule de foin. Laissez-vous rouler en bas. Cachons-nous dans le foin. Oh!

quelle douce odeur il a, et comme le foin est chaud! Nous avons assez joué, il faut travailler tandis que le soleil luit. Vous travaillerez bien. Voyez, tous les garçons et toutes ces filles travaillent. Ils auront du vin, du pain et du fromage. Maintenant, mettons le foin dans la charrette. Voulez-vous aller dans la charrette? Hue! Le foin est pour les chevaux; ils le mangeront dans l'hiver, quand il n'y aura plus d'herbe dans le champ.

Juillet est fort chaud, en vérité, et le gazon et les fleurs sont brûlés; car il n'a pas plu depuis long-temps. Vous devez arroser votre jardin, sans quoi les plantes mourroient. Où est l'arrosoir ? Allons sous les arbres. Il y a de l'ombre là; il n'y fait pas si chaud. Venez dans le berceau.

Voilà une abeille sur le chèvrefeuille, elle ramasse du miel; elle le portera dans sa ruche. Voulez-vous vous baigner? Voici de l'eau. Elle n'est pas profonde. Otez vos habits. Sautez dedans. N'ayez pas peur. Trempez votre tête.

Maintenant, vous avez été assez long-temps dans l'eau. Sortez, et laissez-moi vous essuyer avec cette serviette.

C'est août. Allons dans les champs de blé pour voir si le grain est mûr. Oui, il est tout à fait brun : il est mûr. Fermier Roland ! il faut apporter une faucille bien tranchante et couper le blé : il est mûr. Mangez-en un peu, Paulin; frottez ceci dans votre main. Ceci est un grain de blé : ceci est un épi de blé; cette tige fait de la paille. Maintenant, il doit être lié en gerbe. A présent, mettez beaucoup, beaucoup de gerbes ensemble, et faites une meule. Mettez-le dans la charrette, fermier Roland ! Portez-le dans votre grange pour faire du pain. Chantez, la moisson est à la maison ! la récolte est à la maison ! Ah ! voilà une pauvre vieille femme qui ramasse quelques épis de blé, et une pauvre petite fille qui n'est presque pas habillée. Elles gla-

SEPTEMBRE.

OCTOBRE.

NOVEMBRE.

DECEMBRE.

nent. Donnez-leur-en plein votre main, Paulin. Tenez, pauvre femme! cela vous aidera à faire un pain. Pauvre femme! Elle est très-âgée. Elle ne peut pas courir; elle est bien fatiguée de s'être baissée.

C'est septembre. Ecoutez,

quelqu'un vient de tirer un coup de fusil. Il tue les pauvres petits oiseaux. Oh ! voilà un oiseau tombé justement à nos pieds. Il est tout ensanglanté. Pauvre petit ! Comme il se débat. Ses ailes sont rompues; il ne peut plus voler. Il meurt. Quel oiseau est-ce ? c'est une perdrix. N'êtes-vous pas fâché, Paulin? Elle étoit envie il y a peu de temps.

Apportez l'échelle, et posez-la contre l'arbre. Maintenant, apportez un panier. Nous allons cueillir les pommes. Non, vous ne pouvez pas monter à l'échelle; vous allez avoir un petit panier et vous ramasserez les pommes sous l'arbre. Secouez l'arbre. Elles tombent. Combien en avez-vous? Venez aider à porter les pommes dans le fruitier. Les pommes font du cidre. Vous aurez des poires cuites et du pain pour votre souper. Est-ce des pommes cela? Non, ce sont des coings; ils feront de la marmelade.

OCTOBRE est venu. Les feuilles tombent des arbres, et les fleurs sont toutes mortes. Non, voici un œillet-d'Inde et une reine-marguerite.

Voulez-vous avoir quelques noisettes ? Allez chercher le

casse-noisettes. Pelez cette noix. Je vous ferai un petit bateau avec cette coquille de noix. Nous allons cueillir le raisin; car les oiseaux le mangeroient tout. Voici une grappe de raisin noir, en voici une autre grappe de raisin blanc; laquelle voulez-vous? Le raisin fait du vin. Quel oiseau avez-vous là? Il est mort; mais il est très-joli. Il a des yeux rouges, et des plumes vertes, pourpres et rouges. Il est fort gros. C'est un faisan. Il est bien bon à manger. Nous le plumerons et nous dirons à Marie, la cuisinière, de le mettre rôtir. Voici aussi un lièvre. Pauvre lièvre ! les chasseurs l'ont attrapé !

L'obscur et noir novembre est venu. Plus de fleurs ! Plus de beau soleil ! Plus de foin à faire! Le ciel est tout noir; la pluie tombe fort. Eh bien ! n'importe. Nous nous assiérons près du feu, et nous lirons, nous dirons des histoires, et nous regarderons les tableaux. Où est Fanfan, et Henri, et le petit Achille? Maintenant, dites-moi qui peut épeler mieux? Bon garçon! voilà un habile écolier! A présent vous aurez tous chacun un gâteau.

C'est décembre, et Noël ap proche, et Marie est bien oc cupée. Que fait-elle ? Elle pèl des pommes, elle hache de l viande, et broie des épices. Pour quoi faire ? C'est pour faire de pâtés de Noël. Aimez-vous le pâtés de Noël ? Oh ! ils sont trè bons! les petits enfans sortent de la pension à Noël. Je vous en prie, couvrez-les bien chaudement, car il fait très-grand froid. Eh bien! le printemps reviendra encore dans quelque temps.

Combien avez-vous de doigts, petit garçon?

Voici quatre doigts à cette main. Et quel est celui-ci ? Le pouce. Quatre doigts et le pouce, cela fait cinq. Et combien à l'autre main ?

Il y en a cinq aussi.

Quelle est celle-ci ?

C'est la main droite.

Et celle-ci ?

Celle-ci est la main gauche.

Et maintenant, combien de doigts avez-vous à ce pied-là? Comptons-les. Cinq à ce pied-là et cinq à celui-ci.

Cinq et cinq font dix; et dix doigts aux deux mains, et dix doigts aux deux pieds.

Combien de jambes avez-vous?

En voici une, et en voici une autre.

Le petit a deux jambes.

Combien de jambes a un cheval ?

Un cheval a quatre jambes.

Et combien un chien en a-t-il ? Quatre; et une vache en a quatre, et une brebis en a quatre, et la chatte a quatre jambes aussi.

Et combien de jambes ont les poulets ?

Allons voir.

Les poulets ont seulement deux jambes. Et les linots, et les moineaux et tous les oiseaux ont seulement deux jambes.

Mais je vais vous dire ce que

les oiseaux ont aussi; ils ont des ailes pour voler, et volent très-haut dans l'air.

Le petit garçon n'a pas d'ailes.

Non, parce que le petit garçon n'est pas un oiseau.

Le petit garçon a deux mains.

Les vaches n'ont pas de

mains, et les oiseaux n'ont pas de mains.

Les oiseaux ont-ils des dents?

Non; ils n'ont pas de dents.

Comment font-ils donc pour manger?

Les oiseaux ont un bec. Regardez les poulets, ils prennent le grain dans leur petit bec.

Voyez comme ils le ramassent vite.

La bouche du petit garçon est tendre; le bec des poulets est dur comme un os.

Combien de jambes ont les poissons ?

Les poissons n'ont pas de jambes du tout.

Comment font-ils donc pour marcher ?

Ils ne marchent pas ; ils nagent dans l'eau ; ils vivent toujours dans l'eau.

Fanfan ne pourroit pas vivre dans l'eau. Non, parce que Fanfan n'est pas un poisson.

Voici un poisson que quelqu'un a pris. Pauvre petit poisson! Jetez-le sur l'herbe. Voyez comme il cherche à plonger! Il a un hameçon dans son ouïe. Prenez-le par la queue. Il est gluant, vous ne pouvez pas le tenir. Regardez, voilà ses nageoires. Il a des nageoires pour nager; et il a des écailles et des dents aiguës. Il mourra bientôt. Il va mourir. Il ne peut presque plus remuer. Maintenant, il est tout à fait mort. Le poisson meurt parce qu'il est hors de l'eau, et Fanfan mourroit s'il étoit dans l'eau.

QU'EST-CE que Caroline a

pour la tenir chaudement?

Caroline a un bon jupon et une bonne robe.

Et les pauvres brebis ont-elles une robe?

Non; les brebis ont de la laine, beaucoup de laine bien épaisse et bien chaude. Tâtez-la. Oh! elle est très-bonne! C'est leur robe.

Et qu'est-ce que les chevaux ont ?

Les chevaux ont de grands crins, et les vaches ont aussi des crins.

Et qu'est-ce que les oiseaux ont ?

Les oiseaux ont des plumes; des plumes douces, propres et luisantes.

Les oiseaux bâtissent leurs nids dans les arbres; c'est leur maison.

Le lion a un antre; c'est sa maison.

Le chien a une niche.

Les abeilles ont une ruche.

Les vaches ont une étable.

Le petit Victor peut-il monter dans un arbre?

Non.

Mais il apprendra. Aussitôt qu'il aura des culottes, il apprendra à grimper dans les arbres.

Il demandera au chat qu'il le lui apprenne; car il grimpe. Voyez comme il grimpe vite! Il est au sommet. Il veut attraper ces oiseaux. Je t'en prie, chat, n'attrape pas les petits oiseaux qui chantent si joliment! Il a pris un moineau dans sa gueule. Il l'a mangé tout entier. Non, voici deux ou trois plumes sur la terre tout ensanglantées. Pauvre moineau!

Le chien aboie. Le pourceau grogne. Le cochon de lait crie. Le cheval hennit. Le coq chante. L'âne brait. Le chat fait le rouet. Le chaton miaule. Le taureau meugle. La vache mugit. Le veau bêle. Les brebis bêlent.

Le lion rugit. Le loup hurle. Le tigre gronde. Le renard glapit. La souris crie. La grenouille coasse. Le moineau gazouille. L'hirondelle caquète. Le corbeau croasse. Le pigeon roucoule. Le coq-d'Inde glougloute. L'escarbot bourdonne. La sauterelle ramage. Le canard barbotte. L'oie glousse. La pie jase. Le hibou hue. Le chat-huant crie. Le serpent siffle. Fanfan parle.

Il fait froid, Caliste, très-froid ! Comment appelle-t-on cela, quand il fait si froid ?

On appelle cela l'hiver, vous

savez. Je ne sais ce que peuvent devenir les petits enfans qui n'ont pas de feu, ni de bas, ni de souliers pour les tenir chauds, et qui n'ont pas un bon papa et une maman qui prennent soin d'eux et qui leur donnent à manger. Pauvres petits enfans! Ne pleurez pas, Caliste; car voici un sou, et quand vous verrez un de ces pauvres petits enfans, vous le lui donnerez : il ira acheter du pain avec, car il aura grand'faim ; il vous dira : Merci, Caliste, vous êtes bien bonne envers moi.

Je vais vous dire quelque chose encore ; bientôt il fera beaucoup plus froid, il tombera de la neige. Alors les petits rouges-gorges viendront voler contre les croisées. Ouvrez la croisée. Eh bien! que voulez-vous petit rouge-gorge? seulement quelques miettes de pain. Donnez-lui quelques miettes: et il volera autour du salon, et il se reposera sur la vergette au-dessus des rideaux, et il chantera. --- Oh! il chantera pendant tout le jour! Maintenant, je vous en prie, prenez garde que le méchant chat ne le prenne. Non, chat! Allez attraper les souris, vous ne mangerez point le pauvre rouge-gorge.

Il y avoit une fois un cruel et

vilain garçon. --- Je vous dirai une histoire de lui.

Il y avoit un vilain garçon, je ne sais pas quel étoit son nom, mais ce n'étoit pas Charles, ni Adolphe, ni Fanfan; car ce sont tous de très-jolis noms; mais un rouge-gorge vint à sa croisée, tremblant, un matin qu'il faisoit grand froid, et son pauvre petit cœur étoit glacé. Il ne voulut pas lui donner la plus petite miette de pain; au contraire, il le traîna par la queue, le secoua. Enfin, il fit mourir le pauvre rouge-gorge. Mais bientôt après le papa et la maman du méchant garçon s'en allèrent bien loin et le laissèrent tout seul, et alors il ne pouvoit pas manger, car il ne savoit pas gagner de quoi vivre. Il s'en alla dire à chaque personne : Je vous en prie donnez-moi à manger, j'ai grand'faim ; et chaque personne lui disoit : Non, vous n'aurez rien; car je n'aime pas les cruels et méchans garçons. Il alla ainsi d'une place à l'autre, jusqu'à ce qu'il eût gagné un bois où il entra bien avant, parce qu'il ne pouvoit plus trouver son chemin. La nuit vint, tout à fait nuit. Il s'assit au pied d'un arbre et se mit à pleurer. Il ne pouvoit plus sortir du bois; et je crois que les bêtes féroces vinrent et le mangèrent, car je n'en ai jamais entendu parler depuis.

FIN DU PREMIER VOLUME.

www.ingramcontent.com/pod-product-compliance
Lightning Source LLC
LaVergne TN
LVHW050418160826
845677LV00002BA/414

* 9 7 8 2 3 2 9 7 7 6 8 5 9 *